HISTOIRE
DU
SIÉGE DE LILLE
EN 1792.

Ce volume se vend à Lille, chez les Libraires ci-après indiqués :

CASTIAUX fils, grande place, 13.
Emile DURIEUX, grande place, 24.
V.e LAURENT, rue neuve, 14.
LAURENT fils, place des patiniers, 5.
V. LELEUX, grande place, 8.
V.e LIBERT-PETITOT, place du théatre, 27.
PARVILLEZ-ROUSELLE, rue des manneliers, 6.
PETITOT, rue neuve, 37.
VANACKERE, grande place, 7.

On le trouve aussi chez M.lle ZÉVORT, rue esquermoise, 102.

LILLE.— TYP. DE BLOCQUEL-CASTIAUX.

LE PLAT A BARBE LILLOIS.
Scène historique du Siège de Lille en 1792.

Lith. de Blocquel, à Lille.

HISTOIRE
DU
SIÉGE DE LILLE
EN 1792,

RÉDIGÉ SOUS LES YEUX DU CONSEIL DE GUERRE.

ON Y A JOINT

Des pièces justificatives, plusieurs anecdotes intéressantes, un grand nombre de renseignements authentiques, une énumération des principaux services rendus par les canonniers lillois, avec la liste nominative de ces courageux citoyens à l'époque du siège, etc, etc, etc.

Le tout extrait des auteurs contemporains,

PAR BLISMON.

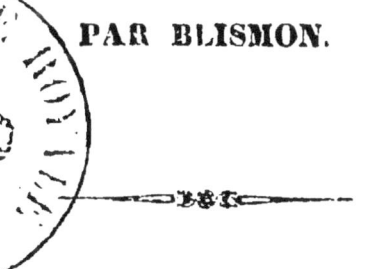

LILLE,
Chez CASTIAUX fils, Libraire, Grande Place, 13
et chez les principaux Libraires.

Avis de l'Éditeur

Cette petite brochure, à part les reflexions politiques sur les causes qui ont déterminé la révolution de 1789, et sur ses effets antérieurement au mois de septembre 1792, renferme tout ce qui a été officiellement publié sur le dernier siège de Lille (1).

---

(1) Au nombre des pièces officielles, nous n'avons pas compris les lettres adressées au conseil

AVIS DE L'ÉDITEUR.

Nous y avons joint 1.° les anecdotes intéressantes dont nous avons pu vérifier l'exactitude ; 2.° l'énumération des services rendus par les canonniers bourgeois, ainsi que le tableau nominatif de ces courageux citoyens à l'époque du siége ; 3.° les noms des membres du conseil général de la commune et ceux des chefs de la garde nationale de Lille, à la même époque ; 4.° et enfin, beaucoup de renseignements qui seront lus avec intérêt, par le plus grand nombre des habitants du Nord de la France, et surtout par les Lillois.

---

municipal, à l'occasion du siége, uniquement pour les féliciter ou les remercier du courageux dévouement des Lillois. Ces lettres ont été imprimées en un volume in-4°, et forment un recueil dont on peut prendre communication aux archives de la Mairie.

JOURNAL
DE L'ATTAQUE DE LILLE,

Du 24 septembre au 8 octobre 1792, l'an 1.ᵉʳ de la République Française,

Rédigé sous les yeux du conseil de guerre.

La confiance naturelle où l'on devait être que l'ennemi n'oserait tenter une entreprise aussi hardie que l'attaque de Lille, n'avait point ralenti l'activité des mesures défensives. Tout se disposait pour lui opposer une vigoureuse résistance, lorsqu'un changement survenu dans la position de nos armées ouvrit jour à l'exécution de son projet. Avant d'entrer dans le narré de ses opérations, il est important de le faire précéder de quelques détails antérieurs sur les mouvements qui les ont déterminées.

La garnison de Lille étant considérablement diminuée par le rassemblement de forces qu'il fallait opposer à l'ennemi au camp de Maulde, après la levée du camp de Famars, et la marche de la majeure partie des troupes vers l'armée du centre, nous n'occupions que par de faibles détachements les postes de Lannoy et de Roubaix, à trois lieues en avant de Lille. L'ennemi s'en empara dès le 5 septembre, et y développa des forces supérieures, contre lesquelles on ne put rien tenter sans compromettre évidemment la sûreté de la place confiée au général Ruault, bien moins encore lorsque la levée du camp de Maulde, le 7, nécessitée par l'invasion de l'armée prussienne en Lorraine, et sa marche rapide vers le centre, eut mis la frontière à découvert. L'ennemi s'empara de Saint-Amand dès le 8; Orchies, évacué le 10, fut bientôt en son pouvoir; un essaim de troupes légères se développa sur toutes nos communications, dès le moment que nous cessâmes de tenir la campagne.

Cependant, le général Ruault avait fait faire, le 11 et le 12, deux sorties successives sur les avant-postes de l'ennemi avec quatre cents hommes, cent chevaux et deux pièces de canon, l'une et l'autre commandée par M. Clarenthal, lieutenant-colonel du 6.ᵉ régiment de cavalerie, elles eurent un succès tel que l'ennemi fut repoussé au-delà de Flers et d'Annapes.

L'ennemi se renforçant chaque jour considérablement, surtout en cavalerie, on ne put rien entreprendre au-delà, et les autres places de première ligne, comme celle-ci, menacées tour-à-tour par ses divers mouvements, ne purent s'occuper que de leurs moyens défensifs et du renforcement de leur garnison respective.

L'armée ennemie se développa successivement en divers camps, dont les détachements, poussés assez près de la place, eurent bientôt intercepté toutes nos communications, à l'exception de celles avec Béthune et Dunkerque, immédiatement couvertes par le canal de la Haute-Deûle, sauf la partie intermédiaire entre Lille et Haubourdin ;

toute l'attention des généraux dut donc s'y porter : ce poste fut occupé ainsi que l'Abbaye de Loos : Armentières fut renforcée pour défendre cette partie du cours de la Lys et couvrir nos dépôts de subsistances. La Basse-Deûle fut également soutenue d'environ neuf cents hommes et quatre pièces de canon aux postes de Wambrechies et de Quesnoy.

Telles étaient nos dispositions, lorsque le 23 septembre au matin, on s'aperçut clairement de celles de l'ennemi ; les rapports des jours précédents nous avaient informé qu'il campait déjà vers Ennetières et Lesquin, entre Lille et Pont-à-Marcq : on découvrit, des lieux les plus élevés de la ville, qu'il formait un camp plus considérable entre les villages de Lezennes et d'Annapes, et qu'il s'étendait successivement, en différentes parties, vers Flers et Mons-en-Barœul.

Nous gardions la tête du faubourg de Fives, tandis qu'on s'occupait à faire, dans cette partie, l'abattis des haies pour éclairer ses mouvements et y diriger les feux de la place.

Le 24, dans la journée, l'ennemi poussa quelques chasseurs vers les Belges qui gardaient cet avant-poste, ce qui détermina le lieutenant-général Duhoux, arrivé depuis peu de jours, à faire une sortie avec deux cents hommes de différents piquets de la garnison et deux pièces de canon, non compris la grand'garde journalière de cent hommes de ligne, d'une pièce de canon et de trente chasseurs Belges; l'ennemi s'éloigna bientôt, après avoir essuyé quelques pertes dans sa cavalerie, dispersée par le feu nourri de ces pièces.

Le général à peine rentré dans la place, on apprit que l'ennemi se rapprochait en force de la tête du faubourg, et que la grand'garde avait été obligée de se replier sur la lunette de Fives et dans les chemins couverts; il fut résolu de l'attaquer le lendemain, et les dispositions furent faites de suite.

Le 25, à six heures du matin, le lieutenant-général Duhoux, commandant en chef, accompagné, comme il l'avait été la veille, par le maréchal-de-camp Champmorin, sortit avec six cents hommes aux ordres de M. Depierre, lieutenant-colonel du 24.e régiment, de M. Valuber, lieutenant-colonel du bataillon des volontaires de la Manche, cent chevaux commandés par M. Clarenthal, lieutenant-colonel du 6.e régiment, et 4 pièces de canon. Mais, à peine fût-on parvenu aux premières maisons du faubourg, que l'ennemi, qui l'occupait dans tous les points, fit un feu très-vif sur notre avant-garde. Les troupes se déployèrent successivement, et le feu, tant de nos pièces que de la mousqueterie, repoussa l'ennemi jusque vers la tête du faubourg, où une résistance opiniâtre, après trois heures d'action, fit juger de la supériorité de ses forces, d'ailleurs masquées par le fourré des dernières fermes. Le général ordonna la retraite, elle se fit au petit pas et en bon ordre, et fut protégée par les dispositions qu'avait faites le général Ruault dans les chemins couverts, et soutenue du feu de l'artillerie de la place et des ouvrages extérieurs. Nous eûmes, dans cette sortie, deux hommes tués et une quinzaine de blessés. Philippe Chabot, capitaine au 15.e régiment, du nombre de ceux-ci, mourut le même jour. La perte de l'ennemi dût être considérable.

Le conseil de guerre assemblé à la suite de cette expédition, déclara la place en état de siége; on s'occupa, dès ce moment, de toutes les mesures qui restaient à prendre pour assurer et prolonger la défense. L'artillerie, aux ordres du lieutenant-colonel Guiscard, fit, sur le front menacé, toutes les dispositions convenables; elle travailla avec la plus grande activité à faire l'évacuation des magasins à poudre de la vieille porte de Fives et de la Noble-Tour : le génie, par les soins du lieutenant-colonel Garnier, chef dans la place, disposa toutes les manœuvres d'eau pour tendre la grande inondation; des blindages pour abriter davantage l'un des magasins à poudre de l'Esplanade, et d'autres précautions du même genre dans l'intérieur de la Citadelle pour la sureté de ses défenseurs.

Le 26 au matin, on reconnut que l'ennemi avait ouvert la tranchée dans la nuit par une communication très-éloignée partant des premières maisons du village d'Hellemmes et allant gagner le chemin du Long-Pot attenant au faubourg de Fives. L'extrémité de son travail semblait annoncer le développement de sa première parallèle à environ 350 toises dusaillant des ouvrages extérieurs du front de la Noble-Tour ; le général Duhoux ordonna une sortie dans l'après-midi ; les dispositions faites, il marcha par la porte des Malades, avec les maréchaux-de-camp Ruault et Champmorin, et l'aide-de-camp du général Ruault, six cents hommes d'infanterie, des volontaires nationaux, commandés par MM. Chemin, Valuber et Branchard, cent cinquante chevaux aux ordres de M. Baillot, lieutenant-colonel au 15.e régiment de cavalerie et deux cent cinquante Belges, conduits par M. Osten, lieutenant-colonel commandant. Le feu de l'artillerie de la place avait foudroyé, par diverses salves, le travail de l'ennemi, nos troupes achevèrent de l'en déloger, non sans une perte considérable de sa part : nous n'eûmes que deux Belges de blessés ; la cavalerie de l'ennemi n'osa rien entreprendre sur la retraite, qui fut protégée par la nôtre et par le canon de la place.

Le 27, l'ennemi sans avoir beaucoup étendu ses ouvrages vers la gauche, avait travaillé la nuit à les perfectionner et se prolongeait sur la droite à l'abri des masures du faubourg que les Belges avaient incendié et que le canon avait battu avec succès ; ses dispositions faisant juger qu'il pourrait embrasser en attaque régulière le front de la Noble-Tour, le maréchal-de-camp commandant du Génie fit la reconnaissance d'une lunette à placer en retour du faubourg des Malades (1), et qui aurait battu tellement à re-

_____

(1) Faubourg de Paris.

vers les tranchées de l'ennemi, que leur cheminement eût été de la plus grande difficulté. Les officiers du génie firent travailler dans l'après-midi à la communication à l'ouvrage projeté ; mais l'ennemi s'étant concentré dans le projet d'un bombardement, il n'en fut pas fait suite.

Le 28, les travaux de l'ennemi se bornèrent, comme la veille, à faire des dispositions de batteries formidables, auxquelles il travaillait avec la plus grande activité, tant de jour que de nuit, à l'aide des couverts derrière lesquels il s'enfonçait : le grand feu de la place, qui se dirigea sur tout son développement, dût, cependant, lui faire perdre du monde comme on l'a su par le rapport de quelques déserteurs.

Le 29 au matin, l'ennemi poursuivit l'achèvement de ses batteries, quoique notre feu ne cessât pas de le tourmenter ; tel était l'état des choses, lorsque, vers onze heures, on vint annoncer au conseil de guerre qu'un officier supérieur autrichien, accompagné d'un trompette, se présentait à la porte St.-Maurice. Le général Ruault, redevenu commandant en chef depuis les ordres donnés au général Duhoux de se rendre à Paris, détacha aussitôt le capitaine Morand, son aide-de-camp, pour aller conjointement avec M. de Varennes, colonel du 15.e régiment d'infanterie, recevoir l'officier envoyé de l'armée ennemie ; on lui fit traverser la ville en voiture, les yeux bandés, et il fut introduit au conseil : il remit alors une dépêche du capitaine-général Albert de Saxe, portant sommation au général-commandant de rendre la ville et la citadelle à l'empereur et roi : il annonça qu'il en avait une autre pour la Municipalité ; mais, sur l'observation qui lui fut faite que les lois françaises, suivant lesquelles la place avait été mise en état de siége, ne permettaient pas de le laisser communiquer avec la Municipalité, cet officier consentit à la remettre au général-commandant, qui lui donna l'assurance de la faire passer de suite à sa destination, et de lui en remettre la réponse conjointement à la sienne. La copie de ces pièces se trouve à la fin de ce volume, sous les numéros 1, 2, 3 et 4.

Vers une heure de l'après-midi, l'officier autrichien sortit de la salle du conseil, et fut reconduit avec les mêmes précautions à la porte Saint-Maurice : le peuple qui avait porté à sa mission tout le respect commandé par le droit des gens, ne fut pas plutôt instruit de son objet, que des houras s'élevant de toutes parts sur les pas de l'envoyé, firent retentir les airs des cris redoublés de Vive la Liberté ! Vive la Nation ! Citoyens, soldats, officiers-généraux, tous patagèrent l'indignation d'une sommation révoltante, et la fermeté énergique avec la laquelle les officiers municipaux et le général commandant avaient juré de mourir fidèles à la Patrie.

A peine l'envoyé eut-il atteint les postes de l'armée ennemie, que son artillerie, par la détonation subite de 12 mortiers et 24 pièces de gros canons tirant à boulets rouges, jeta l'alarme dans les divers quartiers de la ville. Notre artillerie opposa à ce feu épouvantable, soutenu avec la plus grande vivacité, toute l'énergie de moyens dont elle était capable ; cependant, l'église de Saint-Etienne et les maisons voisines furent bientôt la proie des flammes, malgré la célérité des secours que les officiers municipaux conduisirent en personne.

Le 30, l'ennemi soutint tout le jour, comme il l'avait fait dans la nuit, le feu étonnant de la veille ; l'incendie continua autour de l'église Saint-Etienne. Un autre plus considérable encore s'était manifesté dans le quartier de la paroisse Saint-Sauveur, où l'ennemi avait dirigé un déluge de bombes. Les citoyens, les soldats, animés par la présence des officiers municipaux, s'efforcent d'en arrêter les progrès ; leurs efforts sont vains ; on porte des secours partout où le même danger peut se manifester, et ce n'est pas sans des soins infinis, que les citoyens des différents quartiers, veillant jour et nuit, à travers tous les dangers, à suivre la direction des boulets rouges dans la toiture des maisons, parviennent à en arrêter les effets les jours suivants.

Le 1.er octobre, même feu soutenu de la part de l'ennemi, malgré la vivacité du nôtre ; des incendies partiels se manifestent encore, des secours prêts et rassemblés à la Maison-Commune y volent avec les pompes.

Ce même jour arriva le général Lamarlière avec six bataillons de volontaires nationaux, deux de troupes de ligne et trente-sept canonniers citoyens de Béthune. (1)

Le 2, le feu de l'ennemi s'étant un peu ralenti, et par intervalle, tourmenté sans doute et affaibli par la vivacité du nôtre, tant de canons que de mortiers ; il nous arriva en ce même jour un bataillon de volontaires fédérés.

Le 3, dès la pointe du jour, le feu de l'ennemi et le nôtre furent très-vifs de part et d'autre : la surveillance continuelle des citoyens aux incendies, les arrêtait partout où

---

(1) Voyez la proclamation que fit afficher le Conseil de Guerre, le 30 septembre, n. 6 des pièces justificatives.

ils s'en montrait (1). Les pompes de la ville suffisaient à peine : ce fut donc dans les transports d'une joie universelle, et d'un sentiment difficile à rendre, que l'on vit arriver à la fois les pompes des villes de Béthune. Aire, Saint-Omer et Dunkerque (celle-ci avait envoyé les siennes en poste) : elles furent du plus grand service dans ce moment (2).

Le 4, l'ennemi avait moins tiré de la nuit, où il s'était occupé, sans doute, à réparer le désordre que nos batteries avaient pu causer

---

(1) La familiarité que le citoyen et le soldat avaient prise dès les premiers jours du bombardement, avec l'essaim des boulets rouges lancés par l'ennemi, les avaient rendus ingénieux sur les moyens d'en parer le ravage. Chaque rue avait sur divers points de son étendue, des guetteurs qui, jour et nuit, observaient la direction des boulets : ils les suivaient à la piste au moment de leur chûte, volaient promptement à leur découverte, et les éconduisaient, après les avoir noyés à outrance dans les vases que chaque maison tenait pleins d'eau à cet effet.

(2) Des secours en vivres et en défenseurs s'annonçaient de même et arrivaient de toutes parts, tant la courageuse résistance de Lille, à un genre d'attaque aussi révoltant, donnait d'énergie aux habitants des villes contre l'agresseur barbare du sol de la liberté.

dans les siennes ; mais, depuis huit heures du matin jusqu'à onze, il fit à la fois le feu le plus vif et le mieux soutenu de bombes, de boulets rouges et de boulets froids, soit que les premiers manquassent à sa durée, soit qu'il voulût tromper la vigilance des citoyens à travers l'abondance effroyable d'un tel feu ; le nôtre ne fut pas moins soutenu, et l'un et l'autre s'attaquèrent de nouveau vers les deux heures de l'après-midi avec la plus grande violence. Deux bataillons de volontaires et un de troupe de ligne entrèrent ce même jour dans la place.

Le 5, le feu de l'ennemi, qui avait continué pendant la nuit, mais avec quelques intervalles de repos, parut beaucoup moins vif dans la matinée : il s'affaiblit sensiblement dans le reste de la journée, et ne tirait plus que de quatre à cinq pièces, toujours à boulets rouges, sans qu'il en résultât d'autres incendies inquiétants.

Le soir, à huit heures, arrivèrent au conseil de guerre les citoyens *Delmas*, *Duhem*,

Debellegarde, *Duquesnoy*, *d'Aoust* et *Doulcet*, commissaires-députés de la Convention nationale ; ils y prirent séance dans le moment où l'on agitait la question des sorties vigoureuses proposées par le général Bourdonnaye, commandant en chef de l'armée ; idée à laquelle la position formidable de l'ennemi permettait bien moins de se prêter que sur un développement d'attaque ordinaire. Le général-commandant leur rendit compte de l'état de la place, et de la vigueur des moyens de résistance opposés jusqu'à ce jour (1).

Le 6, l'ennemi, qui n'avait tiré que par intervalle dans la nuit, répondit encore moins, le jour, à la vivacité du nôtre ; il ne tirait plus que de quatre pièces à boulets rouges, et, son feu cessa entièrement dans l'après-midi. Les rapports qui nous furent faits tant de la part des déserteurs que des dehors, s'accordèrent à annoncer la retraite de l'enne-

---

(1) Les représentants du peuple adressèrent à la convention nationale, la lettre dont copie se trouve ci-après, sous le n. 7.

mi et la marche de sa grosse artillerie vers Tournai : la nôtre ne le laissa pas plus tranquille dans ses retranchements.

Le 7, nul feu de l'ennemi ne s'était fait entendre dans la nuit, deux salves de notre artillerie précédèrent la découverte que le général avait ordonnée de faire à six heures du matin. M. Bourdeville, premier-lieutenant-colonel du 74.e régiment, sortit, par la porte Saint-Maurice, avec deux cents hommes, deux compagnies de grenadiers et un détachement de hussards ; plusieurs coups de mousqueterie des vedettes de l'ennemi, sur ceux-ci et quelques autres partis de retranchements, ne laissèrent aucun doute sur sa présence ; le lieutenant-colonel qui avait eu ordre de marcher avec précaution et de ne rien hasarder, fit sa retraite sous la protection du feu de la place. Des déserteurs nous rapportèrent, en effet, à midi, que l'ennemi gardait encore ses retranchements avec un bataillon d'infanterie, de nombreux piquets de grenadiers et deux dernières pièces de canon.

Le 8, le général fut informé, dans la matinée, que l'ennemi avait fait sa retraite dans la nuit, et se portait de l'autre côté de la Marque, à peu-près à moitié chemin de Tournai ; il ordonna, de suite, au maréchal-de-camp Champmorin, de se porter en avant du faubourg de Fives, à la tête d'un détachement de cinq cents hommes des volontaires nationaux et des troupes de ligne aux ordres de M. Dorières, lieutenant-colonel du 15.e régiment, et de M. O. Kœff, lieutenant-colonel du 87.e régiment suivi d'un détachement de hussards, et de faire raser les retranchements de l'ennemi par deux cents travailleurs commandés : nombre de citoyens s'y portèrent en foule, ce qui n'éprouva aucun obstacle.

Ce même jour les incendies fumaient encore, mais tout était calme dans les murs de Lille. L'ennemi avait remporté avec sa honte ses instruments de guerre brisés ; sa perte, suivant nombre de rapports, peut être évaluée à environ deux mille hommes, tant tués que blessés, parmi lesquels nombre de ses canonniers et bombardiers.

Le 9, la destruction des ouvrages de l'ennemi a été poursuivie aux ordres du lieutenant-colonel Guiscard, commandant de l'artillerie, et sera continuée jusqu'à ce qu'il n'en reste aucun vestige.

D'après le rapprochement des divers rapports faits par les déserteurs, l'armée ennemie était forte de vingt-quatre à vingt-cinq mille hommes d'infanterie, et de six à sept mille hommes de cavalerie.

La garnison de Lille, dans les premiers jours de l'attaque, n'était que d'environ six mille hommes d'infanterie et six cents chevaux. L'état ci-après aux pièces justificatives donnera le dénombrement de ses forces et de ses accroissements successifs.

Tel est le récit exact d'une expédition atroce, exécutée contre tous les droits de la guerre, et qui doit à jamais couvrir d'opprobre l'armée autrichienne aux yeux des nations civilisées. En vain s'était-elle flattée de la conquête de Lille, sans développer d'attaque sur les nombreux ouvrages qui la couvrent ; en vain avait elle compté, en portant sur tous les points de sa surface, l'incendie, le ravage et la mort, diviser et soulever un peuple fier de sa liberté. Un calme froid et stoïque, à travers ce théâtre d'horreur, se peignait sur le front du citoyen indigné ; les malheurs de chaque jour enflammaient son courage ; un sentiment héroïque soutenait ses bras défaillants au milieu des fatigues et des veilles ; enfin, tandis que le soldat, par principe et par devoir, fidèlement dévoué à son poste, y déployait, comme au milieu des flammes, une valeur peu commune, le Lillois, insensible à ses pertes, jurait de mourir non-seulement sur les restes fumants de son habitation, mais encore sur la brèche de ses remparts, où l'ennemi ne portait que des efforts impuissants. Epoque à jamais mémorable ! Puissent les chefs, les pères d'un peuple libre, rappeler à leurs derniers neveux la fierté héroïque, les sentiments généreux et vraiment patriotes des braves Lillois.

Fait en conseil de guerre, à Lille, le 10

octobre 1792, l'an 1.er de la République française.

Signés, le maréchal-de-camp commandant, RUAULT ; le maréchal-de-camp, LAMARLIERE ; le maréchal-de-camp chef de brigade du génie, CHAMPMORIN ; le chef de légion, BRYAN ; le colonel du 15.e régiment d'infanterie, VARENNES ; le lieutenant-colonel commandant l'artillerie, G. GUISCARD ; le lieutenant-colonel du génie, J.-B GARNIER ; le lieutenant-colonel du 2.e bataillon de la Somme, TORY ; le lieutenant-colonel du 4.e bataillon de la Somme, RAINGARD ; le lieutenant-colonel du 19.e régiment d'infanterie, LONG ; le lieutenant-colonel du 22.e régiment d'infanterie, DANGLAS ; le lieutenant-colonel du 6.e régiment de cavalerie CLARENTHAL ; le lieutenant-colonel du 13.e régiment de cavalerie, BAILLOT ; le greffier du conseil de guerre, POISSONNIER.

LES
CANONNIERS
DE LILLE,
AU SIÈGE DE 1792.

LES CANONNIERS DE LILLE

AU SIEGE DE 1792.

L'armée autrichienne étant venue au mois de septembre 1792, camper auprès de Lille, au moment où la garnison, affaiblie par les motifs rapportés au journal du siége, ne comptait dans ses rangs que deux compagnies d'artillerie de ligne.

Les deux compagnies bourgeoises commandées par MM. Nicquet et Ovigneur, furent portées au complet de 110 hommes chacune, au moyen de l'incorporation d'un certain nombre de grenadiers tirés des autres compagnies de la garde nationale.

Le petit nombre des défenseurs qu'on pouvait opposer à l'ennemi, loin d'intimider nos canonniers, semble ajouter à leur courage. Oubliant qu'une loi révolutionnaire les a privés de leurs biens ; que des trophées acquis au prix du sang de leurs prédécesseurs leur ont été retirés ; que leurs meubles, papiers et titres sont depuis un an sous les scellés (1), ils ne voient que le danger qui menace leur patrie. Inébranlables au poste de l'honneur, ils donnent à tous l'exemple du dévouement et du courage. Associés à tous les dangers de la garnison, une partie d'entr'eux

---

(1) Voyez les *Annales des Canonniers de Lille*, par M. Brun-Lavaine. Cet ouvrage se vend chez Castiaux, libraire.

furent désignés pour soutenir les sorties des 24 et 25, commandées par le général Duhoux.

Pendant tout le siége, nos canonniers, nuit et jour à leurs pièces, lançaient du haut des remparts les foudres qui portaient la mort dans les rangs ennemis. Étrangers à tout autre soin qu'à celui du salut de la patrie, ils ne permettaient pas même à leur pensée de s'arrêter douloureusement sur leurs propriétés détruites, leurs familles en danger ; une voix plus impérieuse encore parlait à leurs cœurs et les enchaînait au poste de l'honneur, c'était là que chacun s'empressait de leur apporter ce qui était nécessaire à leur nourriture. Il n'y avait plus alors de distinctions de rang, ni de fortune. Tous partageaient en frères les vivres que la reconnaisance publique s'empressait d'apporter aux défenseurs de la cité.

Parmi les traits d'intrépidité ou d'adresse qui signalèrent cette époque mémorable, nous citerons les suivants : On vint annoncer au capitaine Ovigneur que sa femme était dans

les douleurs de l'enfantement. « Est-elle en
» sûreté, demanda-t-il ? »—Oui, on l'a transportée dans une maison où elle n'a pas d'accident à craindre.— « En ce cas je suis tran-
» quille. » Bientôt après il apprend que sa maison est en feu. « Accourez lui dit-on, tout va devenir la proie des flammes.— « Tu
» vois l'ennemi, répond-il, je suis à mon
» poste et j'y reste. »(1).

Le caporal Blanchez, père de famille, étant sorti par la porte Saint-Maurice (de Roubaix) combattit corps à corps un soldat autrichien, le fit prisonnier et le ramena en ville.

Les deux fils de M. Legrand-Leblond, nouvellement entrés au corps, signalèrent leur bien-venue par différentes marques de valeur ; le plus jeune surtout, donna dans

---

(*) Ce fait est raconté différemment dans un ouvrage nouveau. « On vient lui dire que sa mai-
» son est en flammes ; il voit des tourbillons qui
» s'en élèvent. *Eh bien !* dit-il, *moi je suis à*
» *mon poste, je vais leur rendre feu pour feu.*

l'attaque du faubourg de Fives (de Tournai), des preuves d'intrépidité, qui le firent distinguer parmi ses camarades.

Le canonnier Reboux, pointant avec une justesse rare, fit sauter un caisson ennemi chargé de poudre, et répandit l'effroi dans la tranchée.

Un boulet, parti de nos remparts, fit crever la culasse d'un mortier autrichien; le même qui fut trouvé abandonné dans les ouvrages après la retraite des assiégeants, et qui décore maintenant la cour de l'hôtel des canonniers.

Pendant la durée du bombardement, cinq canonniers furent tués et plusieurs autres blessés. On évalua à deux mille hommes la perte que leur feu fit éprouver à l'ennemi.

Bientôt les canonniers de Lille durent se soustraire aux harangues fraternelles et aux couronnes civiques, pour aller de nouveau répandre leur sang pour la défense de la patrie; mais cette fois, ce fut aux frontières et sur le territoire ennemi qu'ils allèrent combattre, et on les retrouva tels qu'ils s'étaient montrés sur les murs de leur cité.

Nous aurions désiré donner à nos lecteurs, la liste de tous les canonniers formant les deux compagnies au moment du siège; mais le contrôle de celle commandée par le capitaine Nicquet, n'a pu être retrouvé. Voici la composition de celle qui avait pour chef M. Ovigneur :

MM. Ovigneur, capitaine.
Delecocq, lieutenant.
D'Hellemmes, sous-lieutenant.
Froidure, sergent-major.

SERGENTS.

Castel. — Debraux. — Hecquet. — Dusart.

CAPORAUX.

Blanchez. — Selosse. — Hauwel. — Senez. — Liébart.

ARTIFICIERS.

Leva. — Boutry.

OUVRIERS.

Ph. d'Hellin. — Magnier. — Debras.

SAPEURS.

Duprez. — Mahieu. — Gibert.

CANONNIERS.

J.-B. Dubrusle.
Longhaye.
Michaud.
Rubrecq.
Rohart.
Deletombe.
Druon.
P. Delecour.
F. Hovine.
Sinave.
Martyns Hans.
Ch. Lefebvre.
Haut-Cœur.
Demaline.
Cottignie.

Masse.
Quittez.
Ancelin.
Deruelle.
Charles Balé.
Delesalle.
Degroux.
Caquant.
Parent.
Charles Martel.
Léonard Vienne.
Delesalle, l'aîné.
De Roulers.
Dubois, dit Joli.
Le Marchand.

Fabre.	Mathon.
Antoine Roefs,	J. Allard.
Auguste Desquiens.	Bailly.
Gourmez.	Élie Dubus.
Legrand, l'aîné.	Lamblin.
Legrand, cadet.	F. Desante.
Decroix.	Godefrin.
Wymille.	Bourgois.
Reboux.	Doignies.
Wicart.	Comer.
Laviolette.	Pinel.
Dubrulle.	Jean-Bapt. Vandamme
Lancel.	Buquet.
Leclercq.	Morel.
Martinez.	Dubar.
Louis Soyer.	Ch. Charles.
Legrand.	Jean-Bapt. Rohart.
Philippe Delemotte.	Joiset.
Poulet.	Barlet.
Adrien Masse.	Dujardin.
Poulliard.	Margat.
F. Lefebvre.	Ignace Vantourout.
Croiset.	L. Mahieu.

Maurice.	Salembier.
Vandenbroucq.	Somers.
Dusart, cadet.	Franchomme, fils.
Groux.	Moraux.
F. Bailly.	Vincent Guillain.
Jean-Baptiste Quef.	Brison.
Masquelez.	

(Cet article est presque en entier tiré des *Annales des Canonniers de Lille*, par M Brun-Lavainne).

ANECDOTES.

ANECDOTES

SUR LE SIÈGE DE LILLE,

EN 1792.

—

On lit dans un journal la note suivante :
« Un témoin oculaire nous apprend que pen-
» dant le trajet qu'il fit de la Mairie à la
» porte de Fives, le parlementaire autri-
» chien eût ses vêtements couverts de co-
» cardes tricolores que les citoyens, respec-
» tant d'ailleurs son caractère inviolable, y
» attachèrent à l'envi avec des épingles, aux
» cris mille fois répétés de VIVE LA LIBERTÉ !
» VIVE LA NATION ! MORT AUX AUTRICHIENS !
» Aucun historien n'a fait mention de cette

» circonstance que nous croyons pouvoir af-
» firmer. » (1)

Sur la place du Lion d'or, le 29 septembre, vers les quatre heures, une pauvre femme aidait à renfermer du bois, vis-à-vis la maison alors occupée par M. Dirat, apothicaire (aujourd'hui l'hôtel Bullion) ; elle était baissée lorsqu'un boulet rouge ricoche et vient étant au bout de sa course, lui percer l'abdomen dans lequel il se loge et brûle les entrailles de la malheureuse.

---

(1) Le témoin oculaire se trompe sans doute de personne (peut-être s'agit-il du trompette ou de l'un des trois hussards qui accompagnaient le parlementaire); car un autre témoin assure que ce parlementaire a fait en fiacre le trajet de la Mairie à la porte Saint-Maurice, ce qui ne permettait point aux curieux d'attacher avec des épingles, sur ses vêtements, ni cocardes, ni aucune autre chose. Il semble d'ailleurs hors de toute vraisemblance, que le conseil de guerre ait fait reconduire à pied, les yeux bandés, au milieu d'une population exaltée, un officier supérieur de l'armée ennemie. Le premier témoin se trompe encore en indiquant la porte de Fives, au lieu de celle de Saint-Maurice. (Voir le journal officiel du conseil de guerre au compte rendu de la journée du 29 septembre pages 16, 17 et 18).

Le premier boulet rouge lancé dans la direction de l'hôpital militaire, est allé se nicher entre la paillasse et le matelat du lit d'une jeune personne, logée au second étage de la maison alors occupée par M. Grivillers, place de Rihours (place de la Mairie); c'est par ce boulet que les habitants du quartier débutèrent en s'en emparant et en le plongeant à l'instant même dans une tinette remplie d'eau.

Le sieur Lamblin avait sa maison attenante à l'église Saint-Etienne (grande place), qui était le point de mire des ennemis. Quand l'incendie se déclara, il voulut, au péril de ses jours, conserver le bonnet, symbôle de la liberté, qui était à l'extrémité de la flèche; il grimpa sur le clocher qui s'embrasait, et rapporta son trophée à la Maison commune. (Ce fait, extrait d'un recueil d'actions héroïques, est démenti par des contemporains).

A la croix Sainte-Catherine, trois hommes qui marchaient à quelque distance les uns des autres, furent renversés par le même boulet. Une femme qui se tenait à la maison qui fait face à la rue J. J. Rousseau (de l'abbaye de Loos) eut les jambes emportées.

Un boulet, lancé dans le lieu des séances du Conseil de guerre, n'interrompit point la discussion. Il fut déclaré, sur la proposition d'un membre, en permanence et placé sur le bureau.

Nous avons lu dans une nouvelle publication, l'anecdote suivante; mais nous devons dire que nous n'avons trouvé personne qui ait pu nous assurer son exactitude, au contraire, nous avons rencontré beaucoup de contemporains du siège mémorable, assurant que l'auteur de cette anecdote l'avait puisée dans son imagination, et que ce ne pouvait être qu'une réminiscence d'un fait à peu près semblable, mais moins extraordinaire, cité dans un ancien recueil ; quoiqu'il en soit, voici l'anecdote telle que nous l'avons lue.

« Un grenadier d'un bataillon de volon-
» taires, voyant son capitaine renversé,
» court à lui et lui tend la main ; à l'instant
» même une balle perce le poignet du grena-
» dier ; il présente l'autre main à son chef....
» elle est emportée par un boulet. Sans pro-
» férer une plainte, il avance ce qui lui reste
» de bras et aide à relever l'officier. »

Le 1.er octobre deux incendies éclatèrent à la fois, l'une dans les bâtiments de la municipalité, l'autre à l'hôpital militaire. On s'empressa d'abord de porter les blessés et les autres malades dans les maisons voisines où ils reçurent tous les secours que leur état reclamait, et l'on ne s'occupa des incendies qu'alors qu'il n'y eut plus personne à sauver.

Dans une lettre écrite à l'administration centrale du département, par le conseil du district, on lit le passage suivant :

« Une grosse bombe ayant éclaté dans la
» rue du vieux marché aux Moutons, le ci-
» toyen Maes, perruquier, en prit un éclat
» et le voisinage se fit faire la barbe en plein
» air, et au sifflement des boulets, en se ser-
» vant de l'éclat de bombe pour bassin à
» barbe. » (1)

Cette lettre du 6 octobre 1792 est signée par les trois citoyens composant et tenant le conseil général du district de Lille. Salmond, *président*. — F.-J. Vantourout. — Sta, *procureur-syndic*.

Lorsqu'on voulut distribuer de l'argent aux ouvriers, plusieurs refusèrent de le recevoir

---

(1) Le frontispice de ce volume rappelle cette scène, sinon d'une manière aussi poétique que le tableau qui orne le cabinet de l'un de nos honorables concitoyens, du moins avec toute l'exactitude des souvenirs conservés par des témoins oculaires.

en disant : « Nous avons encore de quoi vivre » quatre à cinq jours, après cela nous vien- » drons en demander. » Le 5 octobre il n'y avait pas encore mille livres déboursées pour ce genre de secours.

La Municipalité ayant fait publier une proclamation dans laquelle on lisait : « Les bons » citoyens qui la nuit dernière, se sont empres- » sés d'offrir un asile à leurs frères, ruinés » par le bombardement sont invités à venir en » faire la déclaration au secrétariat, pour nous » mettre en état de les récompenser ainsi » qu'ils le méritent...... » Personne ne se présenta, quoiqu'un quand nombre eut pu le faire.

Le troisième jour du bombardement, un citoyen, habitant la maison attenante à celle de M. Lespagnol de Guimbry, place de Rihours (place de la Mairie), venait de rentrer pour déjeuner, lorsqu'un boulet arrive et frappe le cintre maçonné du dessus de la porte d'entrée. Le bruit attire ce citoyen au dehors, et, au moment où il lève la tête, le boulet qui n'était que faiblement retenu dans la muraille, tombe et lui brise le crâne.

L'épouse de M. Chailly, horloger, grande place, coin de la rue de Tenremonde, a eu la cuisse emportée par un boulet, dans sa maison même.

Le sieur Pielle, fabricant de tamis, a été atteint par un boulet rouge, au moment où il aidait à soulever un sac de grain pour en charger un porteur, en face de la maison ayant pour enseigne la tête d'or, et située sur la grande place. Il est mort sur le champ.

Le sieur Godfernaux, perruquier, a été blessé par un boulet, en sortant d'une maison sur l'ancien marché aux poulets, et l'on a dû lui amputer la jambe droite. Le Conseil municipal lui a accordé une pension de 300 francs, qui lui a été assurée par ordonnance royale du 12 avril 1831.

―――

On a rapporté que le général ennemi avait promis à ses soldats de leur permettre le pillage dans Lille, pendant quinze jours.

―――

Les Artilleurs autrichiens après avoir épuisé tous leurs projectiles, chargèrent leurs pièces avec des pierres, des chaînes, des morceaux de fer, et jusqu'aux poids de l'horloge de Fives.

―――

On a reconnu que plus de 60,000 bombes ou boulets rouges et froids avaient été lancés sur la ville ; que 700 maisons avaient été brûlées ou écrasées et 2,000 autres plus ou moins endommagées pendant le siége. — Le nombre des tués et des blessés n'a point exactement été constaté ; mais il n'a point été aussi considérable qu'on pouvait le craindre.

La Municipalité de Cambrai, après la levée du siége de Lille, fit placer dans le lieu de ses séances l'inscription suivante :
AUX BRAVES LILLOIS
LA COMMUNE DE CAMBRAI RECONNAISSANTE.
EXEMPLE A SUIVRE.

Paris donna le nom de *Lille*, à la rue qui jusque-là s'appelait *Bourbon*.— A Charleville, la *place de Nevers*, la *rue de Nevers* et la *rue du Palais* reçurent le nom de *place de Lille, haute-rue de Lille, et basse-rue de Lille*.— Marseille donna aussi à l'une de ses rues le nom de *Lille*.

Les théâtres célébrèrent aussi la gloire des Lillois. On joua au théâtre Feydeau et dans plusieurs autres, le *siège de Lille*, le *serment du siège de Lille*, *etc*, *etc*.

Dans presque toutes les maisons qui purent être réparées, les habitants firent incruster les boulets qui avaient occasionné le dommage : ils les gardaient comme de glorieux et vivants souvenirs.

Quelques patriotes avaient orné leurs cheminées d'un ou plusieurs boulets peints en rouge et placés chacun dans une sébille. Nous avons lu au bas de quatre de ces boulets, également peints en rouge et arrangés sur un piédestal, le distique suivant :

Ces boulets enflammés prouvent tout-à-la-fois,
La fureur des tyrans, la valeur des Lillois.

PIÈCES
JUSTIFICATIVES
ET AUTRES
RENSEIGNEMENTS.

Pièces Justificatives

ET AUTRES RENSEIGNEMENTS.

(N.º 1) COPIE

De la lettre du lieutenant-gouverneur et capitaine-général des Pays-Bas autrichiens, et commandant-général de l'armée impériale et royale, Albert de Saxe, *à M. le* commandant *de la ville de Lille.*

M. le Commandant,

L'armée de Sa Majesté l'empereur et roi,

que j'ai l'honneur de commander, est à vos portes; les batteries sont dressées; l'humanité m'engage, monsieur, de vous sommer, vous et votre garnison, de me rendre la ville et la citadelle de Lille, pour prévenir l'effusion du sang. Si vous vous y refusez, monsieur, vous me forcerez, malgré moi, de bombarder une ville riche et peuplée, que j'aurais désiré de ménager. Je demande incessamment une réponse catégorique.

Fait au camp devant Lille, le 29 septembre 1792.

Le lieutenant-gouverneur et capitaine-général des Pays-Bas autrichiens, et commandant-général de l'armée impériale et royale,

Albert de SAXE.

(N.º 2). *Réponse à la lettre précédente.*

M. le Commandant-Général,

La garnison que j'ai l'honneur de commander, et moi, sommes résolus de nous ensevelir sous les ruines de cette place, plutôt que de la rendre à nos ennemis; et les citoyens, fidèles comme nous à leur serment de vivre libre ou de mourir, partagent nos sentiments et nous seconderont de tous leurs efforts.

Lille, le 29 septembre 1792, l'an 1.er de la République française.

Le maréchal-de-camp commandant à Lille.
RUAULT.

(N.° 3). COPIE

De la lettre écrite à la municipalité de Lille par le lieutenant-gouverneur et capitaine-général des Pays-Bas autrichiens, et commandant-général de l'armée impériale et royale.

A la Municipalité de Lille.

Etabli devant votre ville avec l'armée de sa Majesté l'empereur et roi, confiée à mes ordres, je viens, en vous sommant de la rendre, ainsi que la citadelle, offrir à ses habitants sa puissante protection. Mais si, par une vaine résistance, on méconnaissait les offres que je leur fais, les batteries étant dressées et prêtes à foudroyer la ville, la municipalité sera responsable à ses concitoyens de tous les malheurs qui en seraient la suite nécessaire.

Fait au camp devant Lille, ce 29 septembre 1792.

Le lieutenant-gouverneur et capitaine-général des Pays-Bas autrichiens, et commandant-général de l'armée impériale et royale.

Albert de SAXE.

(N.º 4) *Réponse faite à la lettre précédente.*

La Municipalité de Lille à Albert de Saxe.

Nous venons de renouveler notre serment d'être fidèles à la nation, de maintenir la liberté et l'égalité, ou de mourir à notre poste. Nous ne sommes pas des parjures.

Fait à la Maison-Commune, le 29 septembre 1792, l'an 1.er de la République française.

Le conseil permanent de la commune de Lille,

ANDRÉ, maire.

ROHART,

Secrétaire-Greffier par intérim.

(N.º 5). *Lettre adressée à la Municipalité de Lille, par les administrateurs composant le conseil du département du Nord.*

Douai, 29 septembre 1792, l'an 1.er de la République.

Citoyens,

Vous avez parlé en Lacédémoniens, vous agirez de même.

Vous tenez une des clefs de l'empire, elle ne peut être mieux confiée.

> Les Administrateurs composant le département du Nord, signé MICHEL, président ; PORENTRU, DOUDAN, DENIER, FAUVEL, DONDEAU, JOSSON, DELVAL-LAGACHE, procureur-général-syndic, et LAGARDE, secrétaire-général.

(N.º 6). *Proclamation du Conseil de Guerre.*

Le 1.er octobre à midi, le Conseil de Guerre fit publier à son de trompe, la proclamation suivante :

« Citoyens, vous le voyez ! un ennemi
» atroce ne veut pas vous gouverner, il
» veut vous exterminer. Courage ! redoublez
» de zèle contre les incendies, envoyez dans
» les campagnes libres vos tendres épouses,
» vos chers enfants ; défendez vos habita-
» tions des flammes. Soyez assurés, soyez
» absolument certains que la République,
» riche de ses vastes domaines, et des pro-
» priétés des émigrés, fera rebâtir vos mai-
» sons, vous indemnisera de toutes vos per-
» tes. Le conseil de guerre en prend de re-
» chef l'engagement au nom de la nation
» entière libre enfin de ses tyrans.

» Par ordre du Conseil de Guerre,

» POISSONNIER, secrétaire-greffier. »

(N.º 7). *Copie de la lettre adressée a la convention nationale, par les représentants du peuple, arrivés à Lille, le 5 octobre au soir.*

Lille, le 6 Octobre 1792, l'an I.er de la République française.

Nous sommes entrés vers les huit heures du soir dans cette ville où l'on rencontre à chaque pas les traces de la barbarie et de la vengeance des tyrans.

Christine (sœur aînée d'Antoinette), d'après les rapports, est venue jeudi jouir en personne des horreurs commandées par son frère, qu'elle a si bien secondé. On a fait pleuvoir devant elle une grêle de bombes et de boulets rouges pour hâter la destruction de cette belle et opulente cité, qu'elle appelle un repaire de scélérats et qu'elle se plaignait de ne pas voir encore détruite, et elle s'est donné le plaisir de lui envoyer de sa main quelques boulets rouges.

Nos ennemis, trompés sur la fermeté et le patriotisme des citoyens de Lille, comptaient qu'une insurrection allait leur livrer la place ; et c'est pour la provoquer que sans s'arrêter aux lois de la guerre, ils commencèrent leur feu au retour du trompette qui leur apportait la fière et républicaine réponse que la municipalité fit à la sommation du duc Albert de Saxe, et qu'ils dirigèrent la plus grande partie de leur feu sur le quartier S.t-Sauveur, le plus peuplé de la ville, et dont les citoyens, toutes les fois qu'il a fallu déployer l'énergie du patriotisme, se sont constamment montrés les premiers. Mais le peuple, sur la lâcheté duquel on avait fondé de coupables espérances, s'est montré un peuple de héros. Le quartier Saint-Sauveur n'est plus, à la vérité, qu'un amas de ruines ; cinq cents maisons sont entièrement détruites ; deux mille sont endommagées par un feu d'artillerie aussi nourri qu'un feu de file. Mais c'est là tout ce qu'ont pu faire les tyrans ; ils n'entreront jamais dans cette importante forteresse, dont ils ménagent les remparts parce qu'ils appartiennent au roi de France, et les maisons dont ils n'épargnent que celles qui se trouvent dans la rue royale et les environs, quartier de l'aristocratie lilloise. Sous cette voûte de boulets qui, dans les momens d'attaque, couvre les citoyens que nous sommes venus admirer, encourager, consoler de leurs pertes, on a appris à déjouer les projets destructeurs de nos ennemis. On a descendu des greniers et des étages les plus exposés tout ce qui pouvait servir d'aliment au feu. On a assemblé à la porte de chaque maison des tonneaux toujours remplis d'eau. Des citoyens distribués avec ordre veillent les bombes et les boulets rouges et donnent le signal convenu. On a vu des volontaires, des citoyens des enfants même courir sur la bombe et en enlever la mêche, courir après les boulets pour les éteindre avant qu'ils eussent roulé dans les maisons....

Les Autrichiens ont beaucoup perdu. Leur feu a cessé il y a environ deux heures et on dit qu'ils lèvent le siége. Ils se retirent chargés de l'exécration des habitants du pays qu'ils ont rempli de meurtres de toute espèce, de brigandage et d'actes d'inhumanité, et de barbaries dont le recit vous ferait frémir.

Une foule d'actions dignes des héros des anciennes républiques méritent de fixer votre attention. Nous vous les présenterons dans une autre lettre. Les citoyennes ont égalé les citoyens par leur intrépidité ; tous, en un mot, se sont montrés dignes de la liberté.

Renseignements.

Noms des membres du Conseil général de la Commune qui ont exercé leurs fonctions pendant le bombardement de 1792.

* André, maire.
* Saqueleu, procureur de la commune.
  Demilly }
* Robart   } secrétaires-greffiers.

OFFICIERS MUNICIPAUX.

* Bernard.
* Brame.
* Brovellio.
  Charvet.
* Devinck.
  Durot.

  Forceville.
  Hautecœur.
* Lachapelle.
* Lefebvre.
* Maricourt.
* Mottez.

68

* Mourcou.
* Questroy.
* Saladin.
* Scheppers (1).
* Selosse.

NOTABLES.

* Bécu, curé.
Bécu, médecin.
Bryan.
* Capron.
* Cuvelier.
Darcy.
Dathis.
* Degand.
* Behau.
* Delannoy.
Deledeuille, curé de S.t Maurice.
* Deledeuille, curé de S.t Sauveur.
* Detoudy.

Dupont (François).
Gentil.
Houzé.
* Laurent.
Lefebvre fils.
Mannier.
Martel.
Moreau, envoyé en députation vers la convention nationale de laquelle il obtint pour la ville de Lille un secours de 400,000 livres.
Petit.
Pinte.

---

(1) M. Scheppers était le seul officier municipal existant encore lors de la fête commémorative demi-séculaire, le 8 octobre 1842.

* Prouvost.	* Taviel.
Roussel.	* Thery.
Sauvage.	Walop.

Les noms marqués d'un astérisque sont ceux des membres présents à la séance où fut délibérée la belle réponse au général autrichien.

Etat des troupes qui composaient la garnison de Lille lorsque les postes de Roubaix et de Lannoy ont été attaqués, à l'époque du 5 septembre 1792,

Volontaires nationaux.

La Manche................	522	
1.er de l'Oise..............	457	2,012
3.e de l'Oise...............	457	
4.e de la Somme.........	576	

Infanterie.

15.e régiment.............	666	
24.e —	576	2,400
56.e —	645	
90.e —	513	

Artillerie.

5.e régiment...............	132	132

A reporter.......	4,544

                              Report.......... 4,544
           Cavalerie.

6.e régiment............... 356 ⎫
13.e   —   .... 450 ⎬ 1,128
Un escadron de hussards.. 322 ⎭

Dans ce nombre sont compris les prisonniers de guerre faits à Roubaix et Lannoy, les hôpitaux et les recrues non instruits ; et, dans la cavalerie, le nombre de chevaux en état de servir n'était que de 600.

Troupes arrivées dans la place à commencer du 11 *septembre* 1792.

L'Eure, 11 septembre.... 467 ⎫
Le Nord, 14 septembre.. 368 ⎪
2.e la Somme, 20 septemb. 660 ⎪
Calvados, 21 septembre... 654 ⎬ 4,329
2.e vol. nat.   —   .... 745 ⎪
Pas-de-Calais   —   .... 482 ⎪
74.e rég. d'inf., 1er octob. 524 ⎪
87.e   —   429 ⎭

                              A reporter...... 10,001

Report.......... 10,001

Bataillons de Fédérés.

6.e	1.er octobre..........	362	
8.e	—	400	
14.e	—	450	
15.e	—	540	4,074
16.e	—	480	
17.e	—	564	
22.e d'infant., 4 octobre..	620	
19.e	—	5 octobre..	658	

TOTAL....... 14,075

Les six premiers bataillons de Fédérés sont cantonnés.

La garde nationale de Lille était, au moment du siège, composée de douze bataillons, elle avait pour chefs nouvellement élus,

    MM. Bryan, chef de légion;
        Valton, adjudant-général;
        Tavant, sous-adjudant-général;
        Frey, commandant le 1.er bataillon.

Delattre command.t le 2.e bataillon.
Lesage...............le 3.e —
Menart...............le 4.e —
Desmazières.........le 5.e —
Odelant-Dathis......le 6.e —
Tiberghien..........le 7.e —
Fiolet...............le 8.e —
Florent..............le 9.e —
Augeard.............le 10.e —
Wellecomme.......le 11.e —
Jourdain.............le 12.e —

La garde nationale, à l'exception des canonniers (220), n'ont point fait pendant le siége un service très-régulier. Les habitants veillaient à la conservation des édifices et des propriétés particulières, ils les faisaient respecter, et ils secondaient les autorités pour le maintien de l'ordre dans l'intérieur. En cas d'attaque, tous ceux en état de porter les armes devaient se porter sur les remparts et se joindre aux troupes de ligne.

*Troupes employées par les Autrichiens
au siège de Lille.*

11 régiments d'infanterie, présentant
   un effectif de 25,000 hommes.... 25,000
11 régiments de cavalerie............ 7,000
                                                  32,000

Plus le nombre de canonniers nécessaire pour le service de
   12 mortiers
   50 pièces de canon } et leurs accessoires.

Ce nombre de soldats n'était pas suffisant pour investir la ville et pour en faire le siège. Voilà sans doute pourquoi les assiégeants n'ont point attaqué la place de guerre, mais bien les habitants qu'elle renfermait et dont ils comptaient avoir bon marché en les écrasant par un déluge de projectiles. Nos ennemis ont été trompés dans leur attente, car, au lieu d'épouvanter les Lillois, par cet inqualifiable oubli des lois de la guerre, ils n'ont fait que retremper leur courage.

Villes qui ont envoyé des vivres ou des pompes à Lille, pendant le siège.

VIVRES.

Cassel, treize rasières de blé et deux mille quatre cents pains ;
La Ventie, quinze voitures de farine ;
Cambrai, de la viande salée de la provision personnelle du Maire de cette ville.

POMPES.

Armentières, trois ;
Arras, une ;
Cassel, deux ;
Bergues, une ;
Aire et S.t-Omer, trois ;
Béthune, une ;
Dunkerque, cinq qui furent envoyées en poste.

Dons faits à la ville après le siège, par des corps militaires, par des municipalités, ou par des citoyens en leur nom privé.

Des chasseurs volontaires..........	229 l.
Le 9.e régiment d'infanterie.......	1,500
Le 2.e bataillon du Pas-de-Calais..	875
Les Fédérés de Noyon..............	400
Le 1.er bataillon du 10.e régiment.	530
La ville de Dunkerque..............	1,523
— Marseille.................	1,550
— Beauvais	1,594
— Rouen.....................	2,070
La Section de 1792, à Paris........	3,560
Le C.en Jousseaume, à La Rochelle	3,000

Le lieutenant-général d'Aumont, les généraux La Bourdonnaye, Déjean, etc.; firent hommage aux Lillois de toutes leurs décorations militaires.

Le Conseil municipal de Lille a décidé qu'un monument serait érigé, sur la place de la Mairie, afin d'éterniser la mémoire de la belle défense des Lillois en 1792.

Ce monument sera construit d'après les dessins de l'architecte Benvignat.

Une fête commémorative aura lieu le 8 octobre 1842. Les gardes nationales des villes des départements du Nord et du Pas-de-Calais, seront invitées à s'y faire représenter par des députations. La garde nationale de Lille, leur offrira un banquet sur le terrain de l'hôtel des canonniers, affecté aux exercices de ce corps, et qui sera couvert à cet effet.

―――――

Un seul des membres qui composaient le Conseil général de la Commune de Lille en 1792 existe encore, c'est M. Scheppers, demeurant actuellement à Valenciennes. Invité par l'administration municipale à la fête commémorative du siége de Lille, ce digne citoyen s'est empressé d'accepter.

On lit, page 34 et 35, de l'ouvrage qui vient d'être publié par M. V. DERODE, sur le siége de Lille en 1792, la note suivante :

« Un trompette et trois hussards accom-
» pagnaient le major (le parlementaire au-
» trichien). Le trompette se nommait *Joseph*
» *Vins*. Il est actuellement à l'hôpital-géné-
» ral de Lille, où il a été reçu il y a environ
» cinq ans. Un concours de circonstances
» assez singulières l'y a amené, et nous
» croyons devoir en retracer le sommaire
» dans cette note, que nous devons à l'obli-
» geance de M. Gentil-Descamps. »

« Joseph Vins faisait partie du régiment
» de l'empereur (*Kaiser régiment*); il était
» de l'armée du duc de Saxe. Envoyé à
» Lille, il y entra les yeux bandés. A peine
» était-il dans la rue qu'il reçut dans le dos
» une brique lancée par une femme du peu-
» ple ; il arracha alors le bandeau et aperçut
» son agresseur prêt à lui lancer un autre
» projectile de même espèce ; l'escorte fran-

» çaise s'y opposa. On arriva à l'hôtel de
» ville, où les envoyés restèrent quelques
» heures. On leur offrit du vin qu'ils accep-
» tèrent. Lors du départ, les soldats de l'es-
» corte donnèrent aux Autrichiens l'acco-
» lade fraternelle. »

« Joseph Vins avait la poitrine faible ;
» après le siège de Lille, il fut employé deux
» ans comme *ordonnance*. Il servit ensuite en
» qualité de soldat dans le même régiment.
» En 1798, pendant la guerre d'Allemagne,
» ayant été envoyé à la découverte avec
» douze hommes commandés par un maré-
» chal-des-logis, il fut fait prisonnier et on le
» dirigea vers la citadelle de Lille. Il y apprit
» l'état de charron, s'y maria avec une fille
» de sa nation qui avait reçu de Joseph II
» une médaille d'enfant de troupe. Ces époux
» vivent encore tous deux. »

La convention nationale fit rembourser les dommages occasionnés par le bombardement. Dans les états de ces remboursements, on trouve le paiement de tous les dégâts depuis un franc payé à une réclamante, jusqu'à 180,000, importance des deux tiers de l'évaluation des pertes de la maison-de-ville. Les recettes s'élevèrent à 4,470,314 livres ; les paiements ne s'élevèrent qu'à 3,499,525.

Plusieurs Lillois ne voulurent point recevoir les sommes qui pouvaient leur être dues pour les dommages qu'ils avaient éprouvés ; au nombre de ces généreux citoyens se trouvait M. Lethierry.

Lors de l'incendie de l'église Saint-Etienne, le métal des cloches, fondu par la flamme, coulait comme l'eau et se solidifiait dans sa chûte en se mêlant avec le plomb des gouttières. Les malveillants allaient fouiller les cendres des habitations pour s'emparer de l'or, de l'argent et des métaux fondus qui s'y rencontraient. La municipalité dut proscrire ce genre de travail, ces débris étant devenus propriété nationale depuis que la convention s'était engagée à rembourser le montant de toutes les pertes. Par la suite, un membre du conseil municipal, M. Derode, fut chargé de la vente de ces métaux; il y en avait plusieurs millions de livres.

(Extrait de l'ouvrage de M. Victor Derode).

Le 12 octobre, le représentant du peuple *Gossiun* renouvela la proposition qu'il avait faite le 9, de décréter que LILLE AVAIT BIEN MÉRITÉ DE LA PATRIE : ce décret fut voté à l'unanimité.

FÊTE COMMÉMORATIVE.

DU SIÈGE DE LILLE.

Nous Maire de la Ville de Lille,

Après nous être concerté avec M. le Lieutenant-Général, Pair de France, commandant la 16.e division militaire, et avec M. le Conseiller-d'Etat, Préfet du département du Nord,

Avons arrêté et arrêtons ce qui suit :

Art. 1.er Il sera célébré, le 8 du mois d'octobre prochain, une fête en commémoration de la belle défense de la ville de Lille en 1792, et à l'occasion de la pose de la première pierre du monument destiné à perpétuer le souvenir de ce mémorable événement.

Art. 2. Le 29 septembre, à trois heures, moment où a commencé en 1792 le bombardement de la ville, il sera tiré une salve d'artillerie par les canonniers de la garde nationale.

Art. 3. Le 8 octobre, jour où ce siège a été levé, il sera tiré une seconde salve d'artillerie, et les édifices publics seront pavoisés des couleurs nationales.

REVUE.

Art. 4. Le même jour, à onze heures du matin, la garde nationale et les troupes de la garnison seront passées en revue sur le Champ-de-Mars par les autorités civiles et militaires.

Art. 5. Immédiatement après la revue, les autorités civiles et militaires se réuniront sur la Grande-Place, où la garde nationale et les troupes seront rangées en bataille.

POSE DE LA PREMIÈRE PIERRE
DU MONUMENT.

Art. 6. A une heure, les autorités se rendront sur la place de la Mairie, où la construction provisoire représentant le monument sera découverte.

Art. 7. Le Maire posera la première pierre du monument.

Art. 8. La garde nationale et les troupes défileront devant le monument provisoire.

MEDAILLE D'OR

A décerner à l'auteur de la meilleure pièce de vers sur la défense de Lille.

Art. 9. La société royale des sciences, de l'agriculture et des arts tiendra sa séance publique annuelle le 8 octobre, à deux heures et demie de l'après-midi (1), et décernera une médaille d'or à l'auteur de la meilleure pièce de vers sur la défense de Lille (2).

SPECTACLES SUR LE CHAMP-DE-MARS.

Art. 10. A trois heures, des spectacles gratuits commenceront sur le Champ-de-Mars et continueront jusqu'à la nuit.

ILLUMINATION.

Art. 11. A la chute du jour, les édifices publics et le monument provisoire seront

---

(1) Par une nouvelle disposition, cette séance aura lieu le dimanche 9, à midi, au Théâtre.

(2) Au jugement de la Société, la médaille d'or n'a point été méritée, les conditions de son programme n'ayant pas été exactement remplies par l'auteur (M. A Bianchi) de la pièce de vers jugée la meilleure : une médaille d'argent grand module, sera remise à ce jeune poète.

illuminés. Les habitants sont invités à illuminer aussi les façades de leurs maisons.

Un grand transparent, représentant un sujet analogue à la circonstance, sera placé sur la façade principale de l'Hôtel-de-Ville.

Art. 12. Toutes les villes des départements du Nord et du Pas-de-Calais sont invitées à envoyer des députations de leur garde nationale à la fête commémorative du siége de Lille.

CONCERT D'HARMONIE MILITAIRE.

Art. 13. Un concert d'harmonie militaire aura lieu le 8, sur la Grande-Place, où une estrade sera élevée à cet effet. Les musiques de la garde nationale, des sapeurs-pompiers et de la garnison y prendront part, ainsi que toutes les musiques qui auront accompagné des députations de garde nationale des villes du Nord et du Pas-de-Calais.

Toute musique qui aura concouru à ce concert recevra une médaille d'or.

Un arrêté spécial fixera l'heure à laquelle le concert devra commencer et en réglera l'exécution.

Fait à l'hôtel de la Mairie, à Lille, le 20 août 1842.

BIGO.

TABLE.

Avis de l'éditeur.   page 5
Journal de l'attaque de Lille, rédigé sous les yeux du Conseil de guerre.   7
Les Canonniers de Lille, au siège de 1792. 29
Contrôle de la compagnie de Canonniers commandée par le capitaine Ovigneur.   36

Anecdotes sur le siège de Lille. 43

Pièces justificatives et autres renseignements. 57

Copie de la lettre du lieutenant-gouverneur et capitaine-général des Pays-Bas autrichiens, et commandant-général de l'armée impériale et royale, Albert de Saxe, à M. le commandant de la ville de Lille. 57

Réponse à la lettre précédente. 58

Copie de la lettre écrite à la Municipalité de Lille par le lieutenant-gouverneur et capitaine-général des Pays-Bas autrichiens, et commandant-général de l'armée impériale et royale. 59

Réponse faite à la lettre précédente. 60

Lettre adressée à la Municipalité de Lille, par les administrateurs composant le conseil du département du Nord. 61

Proclamation du Conseil de guerre. 62

Copie de la lettre adressée à la convention nationale, par les représentants du peuple, arrivés à Lille, le 5 octobre au soir. 63

Noms des membres du Conseil général de la

Commune qui ont exercé leurs fonctions pendant le bombardement de 1792. 67

État des troupes qui composaient la garnison de Lille lorsque les postes de Roubaix et de Lannoy ont été attaqués, à l'époque du 5 septembre 1792. 69

Noms des chefs de la garde nationale de Lille, à l'époque du siège. 71

Troupes employées par les Autrichiens au siége de Lille. 73

Villes qui ont envoyé des vivres ou des pompes à Lille, pendant le siége. 74

Dons faits à la ville après le siége, par des corps militaires, par des municipalités ou par des citoyens en leur nom privé. 75

Note sur le trompette qui accompagnait le parlementaire qui est venu sommer la ville de Lille. 77

Programme de la fête commémorative. 81

FIN DE LA TABLE.

Livres qui se trouvent chez les mêmes Libraires.

Annales des Canonniers de Lille, par Brun-Lavainne, volume in-12. » 75

Manuel de l'amateur du Jeu de Whist,
Contenant 1.º les règles des parties en cinq et dix points, aux tricks doubles, et du mort ou wisht à trois ; 2.º un vocabulaire explicatif de tous les termes employés au jeu de Whist ; 3.º des observations et des préceptes nombreux extraits de tous les ouvrages qui ont été publiés sur ce jeu, et particulièrement du fameux Edmond Hoyle, de Payne, de Mathews, etc., etc., par Blismon, in-32 » 50

Règles du Jeu de Wisht, extraites du volume ci-dessus. » 25

Physiologie complète du Rébus, ouvrage illustré par 800 petites figures gravées et rédigé par Blismon. Volume in-18 de 170 pages. 1 25

Aujourd'hui l'on n'est pas homme de bon ton, l'on n'est pas femme de bonne société, si l'on n'applique avec une certaine facilité à chacune des figures formant un rébus, le mot ou la syllabe qu'elle représente, suivant la place qu'elle occupe. C'est à table un moyen de faire rompre le silence d'une jolie voisine, d'entamer et de soutenir avec elle une conversation qu'on peut rendre très-intéressante, et parfois, de déclarer une passion, sans offenser celle qui en est l'objet. Ce volume doit par conséquent, faire partie obligée de la bibliothèque d'un homme galant.

Guide en Amour, indispensable aux amants des deux sexes, par *Cuisin*, *Blismon* et *Daurèle*;

Renfermant 1.° LE SECRÉTAIRE UNIVERSEL DES AMANTS, contenant des modèles de déclarations et des lettres d'Amour sur tous les sujets qu'un amant ou sa maîtresse peuvent avoir à s'écrire ;

2.° LE PARTERRE DES AMOURS, ou les fleurs du sentiment, recueil de compliments et bouquets en vers, pour toutes les circonstances où le cœur peut être intéressé ;

3.° L'ART DE PLAIRE, ou de faire naître l'amour dans le cœur des femmes, contenant des moyens pour trouver à se marier convenablement, et des instructions variées pour entretenir une correspondance absolument secrète pour tout autre que celui auquel on en a donné la clef, gros vol in-12. 3 D

Cet ouvrage est le plus complet de tous ceux qui ont paru sur cette matière.

Le Chansonnier universel. Cet ouvrage imprimé sur papier vélin, est composé de 16 vol. format in-32, il est divisé comme suit :

1.° Chansons Bachiques, 2 volumes; — 2.° Chansons de Table, 2 volumes; — 3.° Chansons Badines, 2 volumes ; 4.° Chansons Satiriques, Philosophiques ou Plaisantes, 2 volumes ; — 5.° Couplets pour les fêtes patronnales, anniversaires, etc, 2 volumes. — 6.° Couplets de noces, 1 volume, — 7.° Rondes à Danser, 1 volume ; 8.° Couplets sur différents sujets, 1 volume; — 9.° Chansons pour ou contre les Dames, pour ou contre l'Inconstance, 1 volume ; 10.° Chansons érotiques, 1 volume; — 11.° Chansons sur les Métamorphoses de l'Amour, 1 volume, Prix des 16 volumes. 8

www.ingramcontent.com/pod-product-compliance
Lightning Source LLC
LaVergne TN
LVHW050650090426
835512LV00007B/1135